AF363799

Vente des Lundi 5 et Mardi 6 Décembre 1898

(HOTEL DROUOT)

—

ARMES ET ARMURES

ANCIENNES

Européennes et Orientales

VITRAUX ANCIENS, PORCELAINES

BOIS SCULPTÉS, MEUBLES, FAUTEUILS LOUIS XV

TAPISSERIES GOTHIQUES ET RENAISSANCE

Tableaux Anciens et Modernes

COMPOSANT

UNE COLLECTION PARTICULIERE

COMMISSAIRE-PRISEUR	EXPERT
Mᶜ F. COUTANCEAU	M. B. LASQUIN
7, rue Sainte-Anne, 7	12, rue Laffitte, 12

PARIS — 1898

IMPRIMERIE MAULDE ET RENOU

MAULDE, DOUMENC & Cie

IMPRIMEURS DE LA COMPAGNIE DES COMMISSAIRES-PRISEURS

Rue de Rivoli, 144. — Paris

CATALOGUE

DE

ARMES ET ARMURES

ANCIENNES

Européennes et Orientales

BELLE ARMURE MAXIMILIENNE, CUIRASSES

ARMETS, MORIONS, PIÈCES D'ARMURES, ÉPÉES, RAPIÈRES, HALLEBARDES

MOUSQUETS, ETC.

ARMURES ORIENTALES DAMASQUINÉES

Sabres indiens, Yatagans, Poignards

VITRAUX DU XIIIe AU XVIIe SIÈCLE

Porcelaines anciennes de la Chine et du Japon

Faïences, Carreaux de revêtement. Objets variés. Antiquités

Sculptures, Cuivres

FAUTEUILS LOUIS XV EN TAPISSERIE

Panneaux en bois sculpté des XVIe et XVIIe siècles

TAPISSERIES GOTHIQUES ET RENAISSANCE

A Sujets mythologiques et verdure

TABLEAUX ANCIENS ET MODERNES

Composant une Collection particulière

DONT LA VENTE AURA LIEU

HOTEL DROUOT — SALLE N° 1

Les Lundi 5 et Mardi 6 Décembre 1898, à 2 heures

COMMISSAIRE-PRISEUR	EXPERT
Me F. COUTANCEAU	M. B. LASQUIN
7, rue Sainte-Anne, 7	12, rue Laffitte, 12

EXPOSITION PUBLIQUE

Le Dimanche 4 Décembre 1898, de 1 heure 1/2 à 5 heures 1/2

CONDITIONS DE LA VENTE

La vente sera faite au comptant.

Les acquéreurs paieront **cinq pour cent** *en sus des adjudications.*

L'Exposition publique précédant la vente, mettant les amateurs à même de se rendre compte de l'état et de la nature des objets mis en vente, aucune réclamation quelconque ne sera admise une fois l'adjudication prononcée.

MAULDE, DOUMENC et Cie, imprimeurs de la Compagnie des Commissaires-Priseurs,
ruc de Rivoli, 144   600—77426

DÉSIGNATION

ARMES & ARMURES EUROPÉENNES

1 — Belle Armure complète, dite Maximilienne, en fer poli et décorée de nervures, avec armet à soufflet. Travail allemand du XVIe siècle.

2 — Armure écrevisse du XVIe siècle, noire et blanche, avec casque de rechange.

3 — Demi-Armure de l'époque Henri II, composée d'une cuirasse avec épaulières, cubitières et casque, en fer gravé à bandes d'ustensiles, médaillons de figures, parties rehaussées de dorures (les deux épaulières diffèrent d'ornementations). *Ce lot pourra être divisé*.

4 — Cuirasse et Casque d'enfant, époque Louis XIII, en fer rehaussé en partie de dorures.

5 — Un Armet de joute uni, à crête. XVIe siècle.

6 — Un Armet à bombe uni. XVIe siècle.

7 — Un Bouclier gravé à décors rayonnants et bande circulaire à médaillons et oiseaux.

8 — Un Dos et un Devant de cuirasse Henri III.

9 — Six pièces d'Armures Louis XIII : Colletins, Épaulières, Cuissards.

10 — Demi-Armure de lansquenet, comprenant : Cuirasse, Casque, Épaulière, Cuissards, Gantelets, avec cottes en mailles.

11 — Deux Cabassets unis.

12 — Un Morion repoussé à facettes.

13 — Un Morion uni.

14 — Une Bourguignotte.

15 — Un Armet avec crête gravée.

16 — Une Bourguignotte en fer noir.

17-20 — Quatre Chanfreins dont un gravé et doré.

21-35 — Vingt-une Hallebardes, Fauchards, Pertuisanes et Espontons des xvıe et xvııe siècles, quelques-unes de ces pièces sont gravées.

36 — Trois Gantelets et un Brassard, une Épaulière du xvııe siècle.

37 — Une Arbalète et son Cranequin.

38 — Une Arquebuse avec batteries à rouet.

39-49 — Onze pièces : Rapières, Claymores, Épées diverses du xvııe et xvıııe siècles.

50 — Une Épée de justice allemande, poignée en cuivre et ancienne inscription gravée sur la lame.

51-52 — Deux Rapières avec garde à corbeille.

53-54 — Deux Épées de cour Louis XVI, en fer ciselé et ajouré, l'une en partie dorée, avec leur fourreau en galuchat.

55-60 — Six autres Épées Louis XIV et Louis XVI, l'une avec garde et pommeau ajourés en fer.

61-62 — Quatre Pistolets d'arçons Louis XIV et Louis XV, garnitures en fer.

63 — Un Canon de rempart monté sur pivot.

64-66 — Trois petits canons anciens en bronze.

ARMES & ARMURES ORIENTALES

67 — Belle Armure persane en damas avec ornements de rinceaux et d'oiseaux en dorure, composée d'une Cuirasse avec mailles, deux Brassards, un Casque et une Rondache ; ces deux dernières pièces richement gravées en relief.

Ces pièces ont été reproduites dans « l'Art pour tous. »

68 — Autre Armure persane, composée d'un Casque finement damasquiné d'or, une Cuirasse gravée à inscriptions, deux Brassards à ornements dorés et une Rondache en damas à bossages ajourés et inscriptions au pourtour.

69-70 — Deux beaux Brassards persans en fer ciselé, fleurs et ornements en relief, avec bandes damasquinées d'or.

71 — Une Armure sarrasine avec Casque damasquiné d'argent, et une Cotte de mailles avec lamelles.

72 — Autre Armure orientale avec Casque à bombe cannelée et bande gravée.

73 — Autre Armure orientale analogue à la précédente.

74 — Armure orientale en mailles avec Casque et Brassard gravés.

75 — Partie d'Armure orientale à lamelles et maillons, composée de quatre pièces.

76 — Casque sarrasin en fer repoussé, à cannelures en spirales à pointe et bande, gravées et damasquinées.

77 — Autre Casque sarrasin analogue au précédent.

78-79 — Deux autres Casques sarrasins, l'un à petites cannelures.

80 — Casque sarrasin avec cuirasse en mailles et lamelles.

81 — Curieux Brassard oriental avec parties recourbées en fer strié.

82 — Quatre Plaques de cuirasses orientales en fer gravé, bandes d'ornements en zigzag, encadrement damasquiné d'or.

83-84 — Deux Rondaches persanes en peau de rhinocéros.

85 — Une Rondache persane en damas, ornée de deux bandes en dorure.

86 — Kantar indien dont la poignée à double balustre est richement damasquinée d'or représentant des kiosques dans des paysages.

87 — Couteau-Poignard à manche en morse, avec garniture d'argent.

88 — Sabre indien à lame droite et poignée incrustée d'argent.

89 — Sabre oriental à garde en damas, lame striée, gravée et damasquinée, poignée en morse.

90 — Sabre droit à large lame gravée à inscriptions, poignée en cuir.

91-92 — Deux Kantars dont un richement damasquiné.

93-94 — Deux petites Haches persanes gravées et rehaussées d'or.

95 — Kriss malais à lame de damas, avec poignée en corne sculptée à figure fantastique.

96 — Poignard circassien à large lame évidée, garniture du fourreau en cuivre gravé.

97 — Poignard persan à lame courbe, en damas, ornée sur le talon d'un motif d'entrelacs damasquiné d'or.

98 — Sabre courbe à lame de damas dont la poignée et la monture du fourreau sont finement gravées et dorées ; il est muni de son ceinturon en cuir avec ornements de même travail.

99 — Un Sabre indien à lame de damas et poignée, ornements ciselés.

100 — Beau Kriss malais à lame dorée en partie, monture en argent ciselé et poignée en cristal de roche sculpté ; le fourreau entièrement en argent repoussé et filigrané.

101-102 — Quatre Sabres courbes, turcs et persans.

103 — Un Sabre courbe indien.

104 — Yatagan, lame damasquinée, manche en os.

105 — Casse-Tête et une Lance persane en fer gravé.

106 — Une Hachette persane en cuivre gravé.

107 — Une Hachette et un Marteau d'arme persans, damasquinés d'argent.

108 — Un Fer de lance.

109 — Casque persan avec mailles, clouté de cuivre.

110-111 — Deux Drapeaux orientaux anciens, l'un avec hampe surmontée d'un ornement de cuivre.

112-113 — Deux Poudrières, l'une en corne de cerf sculptée, l'autre garnie de cuivre.

114 — Deux Brassards persans.

115 — Trois paires d'Éperons et quatre Éperons dépareillés.

116 — Un Pulvérin oriental.

117 — Fusil arabe avec canon en damas et monture incrustée de cuivre.

118 — Fusil chinois à mèche, avec batterie ciselée et canon armé d'un croc.

119 — Fusil arabe à batterie gravée, à monture incrustée d'os.

120 — Fusil de chasse espagnol.

121 — Deux Pistolets circassiens avec monture niellée et une fonte en broderie.

122 — Quatre Cottes de mailles et deux Fragments.

VITRAUX

DES XIIIe, XIVe, XVe, XVIe SIÈCLES ET MODERNES

123 — Châssis de 1^m,62 sur 0^m,42, composé de quatre médaillons du XVIe siècle sur fond de vitraux : 1° Fragment de Christ en croix ; 2° *Saint Jean et l'Aigle*, grisaille ovale ; 3° *Le Christ devant Pilate*, forme ronde ; 4° *Sainte Barbe*, forme ovale.

124 — Châssis de 1^m,62 sur 0^m,42, composé de quatre médaillons sur fond de vitraux : 1° *Soldat*, XVIe siècle ; 2° *Sainte Geneviève*,

xv⁰ siècle, forme carrée ; 3° *Couronnement de la Vierge*, xvᵉ siècle, forme ronde ; 4° *Saint René*, xvᵉ siècle, forme ronde, en grisaille.

125 — Châssis de 1ᵐ,62 sur 0ᵐ,42, composé de quatre médaillons sur fond de vitrerie : 1° Fragments du xvɪᵉ siècle ; 2° *Christ au tombeau* ; 3° *Saint René* ; 4° *La Vierge*, en grisaille, xvɪᵉ siècle.

126 — Châssis de 1ᵐ,62 sur 0ᵐ,42, composé de quatre médaillons sur fond de vitraux : 1° *Évêque*, xvᵉ siècle, forme ronde ; 2° *Saint Louis*, xvᵉ siècle, rectangulaire ; 3° *Un Moine*, xvᵉ siècle, forme ovale : 4° *Saint Hubert*, xvɪɪᵉ siècle, forme ronde.

127 — Châssis de 2ᵐ,08 de haut. sur 0ᵐ,75 de large, contenant trois médaillons en vitraux du xɪɪɪᵉ siècle : Sujet tiré de l'histoire de sainte Eutrope, et ornementation (restaurations).

128 — Châssis de 0ᵐ,67 sur 0ᵐ,70 : *Sainte Marguerite avec sa tarasque*, xvɪᵉ siècle (la tête manque).

129 — Châssis de 0ᵐ,79 sur 0ᵐ,77 : Vitrail en grisaille, figure d'Amour et encadrement, xvɪɪᵉ siècle.

130 — Châssis de 0ᵐ,94 sur 0,67 : Évêque avec manteau bleu et fragments de bordures d'ornements et cartouches en jaune, xvɪᵉ siècle.

131 — Châssis de 0ᵐ,54 sur 0ᵐ,38 : Fragments de deux personnages, xɪvᵉ siècle.

132 — Châssis de 1ᵐ,12 sur 0ᵐ,52 : *Le Baiser de Judas*, xvɪᵉ siècle (partie de figure manque).

133 — Châssis de 0ᵐ,57 sur 0ᵐ,50 : Partie inférieure d'une flagellation, fragments de personnages du xvɪᵉ siècle.

134 — Châssis de 1ᵐ,35 sur 0ᵐ,65 : *Christ en croix*, encadrement à portique, xvɪᵉ siècle.

135 — Châssis de 0ᵐ,57 sur 0ᵐ,48, Vitrail suisse, de 1666 : *Évêque et sainte Catherine debout*, blason au centre.

136 — Châssis de 0ᵐ,57 sur 0ᵐ,48 : *Présentation au Temple*, xvᵉ siècle.

137 — Châssis de 0ᵐ,59 sur 0ᵐ,48, Vitrail moderne d'après Olivier MERSON : *Le Génie de la Musique*.

138 — Châssis de 0ᵐ,59 sur 0ᵐ,48, Vitrail moderne d'après GALLAND : *Amour assis*.

139 — Châssis de 0ᵐ,32 sur 0ᵐ,19, Vitrail en grisaille : *Faune et Enfant ramassant du bois*. XVIᵉ siècle.

140 — Châssis de 0ᵐ,41 sur 0ᵐ,23 : Fragments de bordures, XVIᵉ siècle.

141 — Châssis de 0ᵐ,65 sur 0ᵐ,41 : Têtes et Fragments de vitraux des XVᵉ et XVIᵉ siècles.

142 — Châssis de 0ᵐ,65 sur 0ᵐ,41 : trois Têtes du XVIIᵉ siècle et deux Fragments de paysages.

143 — Deux Châssis de 0ᵐ,57 sur 0ᵐ,41, représentant l'un, un Chérubin encadré de bordures fleurdelisées et un Moine, l'autre, un sujet analogue, XVIᵉ siècle.

144 — Châssis de 0ᵐ,63 sur 0ᵐ,41, composé de Fragments, Tête de moine, Tête de lion, etc. Daté de 1551.

145 — Châssis de 1ᵐ,02 sur 0ᵐ,77, composé de deux Rosaces du XIIIᵉ siècle, Fragments de figures, XIVᵉ siècle, et Fragments d'ornementation du XVIᵉ siècle.

146 — Châssis de 0ᵐ,63 sur 0ᵐ,41, Fragments d'architecture, XVᵉ siècle : deux Têtes d'anges et une autre Tête, XVIᵉ siècle.

147 — Châssis de 0ᵐ,63 sur 0ᵐ,41 : trois Têtes, Femme drapée et un Ange, XVᵉ siècle.

148 — Châssis de 0ᵐ,63 sur 0ᵐ,41, fin du XVᵉ siècle : Moine, Apôtre, Hippogriffe, trois Têtes architecture et ornements.

149 — Châssis de 0ᵐ,63 sur 0ᵐ,41 : Tête d'enfant, Fragments d'ornements et daté 1520.

150 — Châssis de 0ᵐ,63 sur 0ᵐ,41, de la fin du XVᵉ siècle : Tête d'ange, Tête de Saint-Jean et Fragments.

151 — Châssis de 0ᵐ,63 sur 0ᵐ,41, de la fin du XVIᵉ siècle : Moine à genoux, sur un fond bleu.

152 — Châssis de 0ᵐ,63 sur 0ᵐ,41, de la fin du XVᵉ siècle : Evêque agenouillé, sur fond bleu.

153 — Châssis de 0^m,63 sur 0^m,41 : deux Têtes dont une d'évêque, et Fragments xvie siècle.

154 — Châssis de 0^m,30 sur 0^m.42 : Femme dans un paysage, xviie siècle.

155 — Châssis de 0^m,30 sur 0^m,42 : Moine dans un paysage, xvie siècle.

156 — Châssis de 0^m,30 sur 0^m,42 : Femme dans un payságe. Inscription et date 1605.

157 — Châssis de 0^m,30 sur 0^m,42, Médaillon de figures avec devise : *Partout Roti Bon aiant le vin en sa maison.* 1605.

158 — Six Tympans à figures d'anges en grisaille, xve siècle.

159 — Médaillon rond du xive siècle, représentant Jonas.

160 — Vitrail composé de Fragments d'ornements des xiiie et xive siècles.

PORCELAINES ANCIENNES, FAIENCE

161-200 — Environ deux cents pièces : grands Plats, Assiettes, Soupières, Compotiers, Légumiers, Bols, Sucriers, Théières, Vases de diverses formes, Tasses et Soucoupes en ancienne porcelaine de la Chine et du Japon, de décors variés en couleur et en bleu, Boîtes à épices et différentes Pièces décorées en émaux de la famille verte, Chimères émaillées, etc.

201-210 — Environ soixante pièces en porcelaine Louis XVI, dite à la Reine, en porcelaine de Boissette, etc., à décors de fleurs, Assiettes, Plats, Coquilles, etc.

211-215 — Un lot de Carreaux et Fragments en faïence persane et en faïence italienne.

216 — Assiette en faïence de Marseille, décorée de figures chinoises.

217 — Deux Plats ovales en faïence de Lille.

OBJETS VARIÉS, ANTIQUITÉS

218 — Grand Bassin persan en cuivre finement gravé. Travail ancien.

219-220 — Deux autres petits Bassins persans en cuivre gravé, l'un rehaussé d'argent.

221 — Sculpture en albâtre du xve siècle : *La Vierge au milieu d'une gloire d'anges.*

222 — Fresque ancienne représentant une tête de saint. École italienne primitive.

223 — Un petit Autel antique en marbre sculpté, offrant des figures en haut relief et des inscriptions gravées.

224 — Quatre Fragments de sarcophage égyptien, décoré d'hiéroglyphes peints.

225 — Lustre hollandais à douze lumières, en cuivre.

226 — Une paire de Flambeaux Louis XIII, à trépied, en cuivre.

227 — Un Flambeau Henri II, en cuivre.

228 — Un lot d'anciennes Ferrures, Verrous, Marteaux de porte, Loquets, Ornements en fer forgé et en bronze.

SIÈGES, MEUBLES, BOIS SCULPTÉS

230 — Fauteuil de l'époque Louis XV, en bois sculpté et doré, avec garniture mobile en ancienne tapisserie offrant, dans des encadrements de fleurs, un aigle sur le dossier et un chien couché sur le siège.

231 — Fauteuil de l'époque Louis XV, analogue au précédent, représentant un coq sur le dossier et un sanglier sur le siège, avec encadrements de fleurs.

232 — Fauteuil de l'époque Louis XV, en bois sculpté et doré, avec garniture en ancienne tapisserie, représentant une bergère

endormie sur le dossier et le sujet de la fable *le Lièvre et la Tortue* sur le siège, ces deux sujets encadrés de fleurs et d'ornements.

233 — Petite Commode de l'époque Louis XV, à contours, à trois rangs de tiroirs, à bois de placage, garnie de bronzes, chutes, poignées, entrées de serrures

234 — Fauteuil Louis XVI, forme carré, en bois sculpté laqué, garni d'ancienne tapisserie d'Aubusson, représentant sur le dossier un enfant tenant un cerf-volant, sur le siège *le Renard et la Cigogne.*

235 — Fauteuil Louis XVI, à dossier ovale, en bois sculpté laqué, garni de lampas à fleurs sur fond bleu clair.

236 — Grand Fauteuil Louis XIII, en noyer, garni de velours frappé marron.

237 — Fauteuil Louis XV, en bois sculpté, garni de velours frappé marron.

238 — Deux Chaises Louis XIII, en noyer.

239 — Panneaux en largeur, époque Louis XVI, en bois sculpté, dorés en partie, offrant un brûle-parfums entre deux rinceaux.

240 — Six petits Panneaux de l'époque Louis XIII, en bois sculpté en haut relief, sujets de figures et cartouches.

241-245 — Quatorze Panneaux des xve, xvie et xviie siècles, en bois sculpté, sujets variés, plus une Colonne torse et baguettes.

246 — Trois Consoles-Appliques en noyer sculpté.

TAPISSERIES ANCIENNES, ÉTOFFES

247 — Tapisserie de l'époque Louis XII, sujet tiré de l'histoire du siège de Troie, avec nombreuses figures parmi lesquelles on distingue celle d'Achille et de Patrocle. Elle est ornée d'un écusson dans le haut.

248 — Grande Tapisserie de Bruxelles, représentant le *Sommeil de Diane*. Bordure composée de grandes cariatides sur les côtés et de cartouches avec guirlandes de fruits en haut et en bas. Marquée au bas, sur la bordure, la marque de Bruxelles et le nom BUYDEVINE VAN BEYEREN.

249-251 — Suite de trois Tapisseries du xvı⁰ siècle, sujets tirés de l'histoire d'Hercule, représentés dans des paysages avec oiseaux, canards et animaux : 1º *Hercule combattant le lion de Nemée;* 2º *Enlèvement de la reine des Amazones par Hercule; 3º Hercule et l'hydre de Lerne.* Elles sont encadrées de larges bordures à groupes de fruits, figures, trophées et médaillons de figures allégoriques.

252 — Tapisserie du xvı⁰ siècle, représentant le *Songe du roi Salomon.* Bordures de fleurs et de fruits avec sujets de figures, chars attelés de lions et de panthères. En haut on lit : A . DEO . SAPIENTIA . SALOMO . POSTULAVIT QVA SVPER ONES REGIS IMPETRAVIT.

253 — Grande Tapisserie fin du xvı⁰ siècle, représentant des Pêcheurs et des Baigneurs près d'un moulin à eau. Bordure de fleurs et de fruits et amours.

254 — Tapisserie du commencement du xvı⁰ siècle, composition historique de treize figures du temps, sur l'une des figures « Laréole ». La scène se passe à l'entrée d'un château entouré de créneaux (probablement le château des Quatre-Sœurs, près Bordeaux. Le fond semé de fleurs, d'œillets et d'animaux.

255 — Portière en ancienne tapisserie flamande à sujet de verdure, animée de figures, la plupart en soie.

256 — Fragment de tapisserie du xvı⁰ siècle, représentant *Samson renversant les colonnes du temple.* Le bas garni de peluche.

257 — Fragment de tapisserie ancienne, représentant la *Fuite de Loth.* Le bas garni de peluche rouge.

258 — Long Bandeau en tapisserie du xvı⁰ siècle, avec cartouches, mufles de lions, lapin et feuillages.

259 — Fragment de tapisserie de Bruxelles, représentant quatre figures d'amours voltigeant sur fond de draperie.

260 — Autre Fragment de tapisserie de Bruxelles, représentant deux amours portant une guirlande de fruits.

261 — Fragment de tapisserie de Bruxelles, représentant un sujet biblique avec joueurs de trompe.

262 — Tapisserie de Bruxelles, probablement d'après les cartons de Van Tulden, représentant l'embarquement d'un guerrier.

263 — Portière formée d'une bande d'ancienne tapisserie de Bruxelles à guirlandes de fruits, médaillons et gerbes de fleurs, entourage en peluche.

264 — Deux Fragments de tapisserie de Bruxelles du xvi⁰ siècle, à figures et ornements.

265 — Tapis de table en satin brodé de soie de couleur et d'or. Travail oriental.

266 — Un petit Tapis carré en satin rouge, brodé à feuillages verts.

267 — Lot d'anciens Tapis persans.

268 — Six pièces : Garnitures de siège en tapisserie au point, à fleurs.

269 — Un lot d'Échantillons d'étoffes anciennes du xv⁰ au xviii⁰ siècle : Damas, Broché, Velours, etc.

270 — Un lot de Bordures et de Morceaux de tapisseries anciennes du xvi⁰ et du xvii⁰ siècle.

271 — Cinq Cachemires de l'Inde.

272 — Lot de Franges et Galons d'argent.

TABLEAUX ANCIENS ET MODERNES

BREYDEL (Le Chevalier)

273 — Le Siège d'une ville fortifiée.

> Composition animée de nombreuses figures.
> Cadre en bois sculpté Louis XV.
> Peinture sur panneau.

DENŒU (Gustave)

274 — Femme nue endormie.

FRANCK FLORIS

275 — Le Jugement de Pâris.

> Peinture sur panneau.
> Cadre Louis XIII, en bois sculpté.

Monogramme D. D. B. 1655

276 — Intérieur d'église gothique, animée de figures.

> Peinture sur panneau.

LAURENS (Jean-Paul)

277 — Enterrement d'un évêque.

> Étude.

VAN LOO

278 — Portrait d'Homme en buste ; chevelure poudrée.

ÉCOLE FLAMANDE (XVIᵉ siècle)

279 — Jésus bénissant deux apôtres : saint Jean et saint Luc.

> Peinture sur fond doré et sur panneau.

280 — Objets omis au Catalogue.

www.ingramcontent.com/pod-product-compliance
Lightning Source LLC
LaVergne TN
LVHW011453170726
843501LV00009B/3397